# SOUVENIRS

## DE LA GUERRE D'AFRIQUE.

### INSURRECTION DES ZIBANS.

# ZAATCHA.

PAR E. CH. BOURSEUL,

ANCIEN OFFICIER DE L'ARMÉE D'AFRIQUE.

METZ,

IMPRIMERIE MILITAIRE DE VERRONNAIS.

PARIS,

DUMAINE, LIBRAIRE, RUE ET PASSAGE DAUPHINE, 36.

1851.

# SOUVENIRS

## DE LA GUERRE D'AFRIQUE.

### ZAATCHA.



Il y a peu de temps encore, une bourgade de l'Algérie, ignorée et cachée comme un nid d'oiseaux de proie au milieu d'une forêt sauvage, devenait tout-à-coup célèbre.

— Zaatcha écrit par toutes les plumes et prononcé par toutes les bouches, était l'objet de l'attention générale. — On n'en parle déjà plus aujourd'hui. — De nos jours les émotions de la veille font rapidement place à celles du lendemain, et pareilles au pas empreint sur le sable, elles s'effacent vite au souffle de la tempête au milieu de laquelle nous vivons.

Il faudrait des temps moins troublés que les nôtres,
pour espérer de faire écouter avec l'intérêt digne d'un
pareil sujet, le récit de la lutte héroïque qui, après
avoir duré 51 jours, se termina par une des catastro-
phes les plus terribles dont l'Afrique ait été le théâtre
depuis la conquête de nos armes. Mais le moyen d'é-
lever la voix assez haut pour dominer les clameurs de
la politique et les bruits menaçants qu'il y a dans l'air,
même en racontant les choses les plus dramatiques et
en citant les faits les plus illustres? — Aussi, au lieu
de redire dans leurs détails et dans leur ensemble les
opérations, les combats et les péripéties du siège de
Zaatcha, vais-je me borner à en retracer simplement
quelques épisodes.

En 1843, nos colonnes avaient franchi la région ap-
pelée dans le langage poétique des Arabes: **La Porte
du Désert** (*Bab el Sahara*), et après avoir aperçu les
vastes solitudes, sur la nudité desquelles tranchent à
l'horizon quelques montagnes rougeâtres torréfiées par
les feux du soleil, elles étaient venues arborer le drapeau
de la France sur les murs de Biskara.

Plus tard, M. le chef de bataillon de Saint-Germain
fut appelé au commandement du cercle dont cette place
est le chef-lieu, et sut, en alliant la fermeté à la droi-
ture et à la justice, imposer du respect aux Arabes et
leur inspirer une crainte salutaire. — Au printemps de
1849, il fit un voyage à Constantine, et en son absence
le commandement passa aux mains de M. Lagrenée,
capitaine du génie, ayant sous ses ordres M. Dubosquet,
lieutenant d'infanterie, chargé des affaires arabes.

Ce fut alors que Bou-Zian, ancien cheik d'Abd-el-
Kader, se mit à exploiter le mécontentement que l'im-

pôt sur les palmiers avait fait naître, à exciter le fanatisme religieux des tribus et à leur prêcher la guerre
sainte. Il disait que « le Prophète lui était apparu, le
» front resplendissant d'une auréole lumineuse; qu'il
» l'avait nommé son Chérif, qu'il lui avait annoncé que
» la ruine de l'empire des *Roumis* [1] était proche, et
» que l'oasis de Zaatcha avait été désignée par le doigt
» d'Allah, pour servir de tombeau à l'armée des infi-
» dèles. »

Les crédules Arabes ajoutaient d'autant plus facile-
ment foi aux paroles de Bou-Zian, qu'elles flattaient leur
haine contre notre domination et notre race. Et puis
cet inspiré avait fait ses preuves sous Abd-el-Kader,
et il avait, en d'autres circonstances, imposé sa volonté
comme loi souveraine aux tribus des oasis environnantes.

A son retour, le commandant de Saint-Germain
trouva mille germes de révolte et de discorde dans le
cercle que naguère il avait laissé si calme et si soumis.
Il s'en aperçut, tout d'abord, à l'attitude nouvelle que
l'on prenait vis-à-vis de lui. L'Arabe qui, quelques se-
maines auparavant, venait lui baiser les pieds, passait
maintenant devant lui, fier, le regard menaçant et levant
haut la tête.

Cependant M. Séroka, sous-lieutenant au 2.ᵉ régiment de la légion étrangère, attaché aux affaires arabes,
se trouvait en tournée avec El Arbi, renégat piémontais
qui, établi depuis longtemps dans le pays, y exerçait
une certaine influence, et était entièrement dévoué à
notre cause.

M. Séroka, escorté de quelques spahis, se dirigeait

---

[1] Nom que donnent les Arabes à tous les chrétiens.

vers Zaatcha qu'il voulait visiter, pour juger par lui-même de l'état des esprits et des choses, lorsqu'on le fit prévenir que Bou-Zian ne se présenterait pas à lui avec le cheik de l'oasis, son ami intime, quoiqu'il eût l'habitude d'accompagner toujours ce dernier en de semblables circonstances. Cet avis se confirma bientôt et le cheik vint seul, en effet, au-devant de M. Séroka.— « Où est Bou-Zian, demanda l'officier français au chef » arabe? — Chez lui, répondit celui-ci. — Que fait-il? » — Je l'ignore. » — Et l'on continua de marcher vers l'oasis. — « Méfie-toi, dit en français El Arbi à M. Sé- » roka, il y a ici des piéges dans lesquels on tombe » vivant, et d'où l'on ne sort que quand le cœur a cessé » de battre. Prends garde de t'y laisser conduire. Le » Koran est la conscience des Arabes, et il dit à tout » serviteur du Prophète : — *Tu tendras des embûches* » *à l'infidèle, tu resserreras les liens avec lesquels tu* » *auras attaché ses membres, et tu le mettras à mort.* »

En arrivant à Zaatcha, on rencontra Bou-Zian sur une petite place. — « Prépares-toi à me suivre, lui dit M. Sé- » roka, le commandant de Biskara veut t'entretenir et » il faut que je te conduise vers lui. » Et sur un signe de l'officier, deux spahis de l'escorte mettant pied à terre, s'emparèrent de Bou-Zian et voulurent le placer sur un mulet.

Bou-Zian se voyant le plus faible en ce moment, feignit, avec l'astuce propre aux hommes de son pays, d'obéir sans résistance; mais, en même temps, il cassa comme par mégarde le fil de son chapelet, dont les grains s'éparpillèrent sur le sol. Il demanda la permission de les ramasser et se baissa pour les prendre, joignant ainsi l'action à la prière de l'accomplir. On le

laissa faire. Pendant cette occupation il lança à la dé -
robée des regards significatifs à des Arabes qui passaient
d'aventure, et qui le comprenant, allèrent fermer la
porte par laquelle M. Séroka et son escorte étaient en-
trés, puis coururent aux armes. L'officier et les spahis
n'eurent, pour échapper au massacre dont ils étaient
menacés, que le temps tout juste d'opérer précipitamment leur retraite, d'ouvrir la porte, et de gagner la
plaine de toute la vitesse des jambes de cerfs de leurs
coursiers arabes.

Instruit de ces faits, le colonel Carbuccia, du 2.ᵉ régiment de la légion étrangère, voulut en tirer vengeance; mais malgré la vigueur de son attaque, un
échec sanglant lui révéla l'impossibilité d'enlever Zaatcha avec les faibles ressources dont il pouvait disposer.

Bientôt l'insurrection des Zibans se propagea comme
un incendie que rien n'arrête. Les tribus de l'Auress se
soulevèrent, et placèrent à la tête de leurs cavaliers un
marabout renommé, Si Abd el-Affid, qui vint audacieu-
sement s'établir et planter son drapeau en signe de défi,
sur le versant des montagnes arides situées à une faible
distance de Biskara. La jactance de ce fanatique se fut
accrue si l'on n'eût pas accepté son défi, et il eût été
imprudent de ne pas châtier son audace. Le 17 sep-
tembre 1849, le commandant de Saint-Germain marcha
contre lui avec la garnison de Biskara, et fut tué par
une balle reçue au milieu du front, en chargeant vaillamment à la tête de la cavalerie. La victoire nous resta
cependant, mais la mort de ce brave officier supérieur,
jeune encore et plein d'avenir, nous la fit payer bien
cher. Deux des nôtres seulement périrent dans ce brillant combat, où moins de 400 français battirent plus

de 4000 arabes : — Un chasseur d'Afrique et le commandant de Saint-Germain. — Un simple soldat et le chef de l'expédition ! — La mort sait mieux que personne pratiquer le dogme de l'égalité.

Au moment où avait lieu cette affaire, le général Herbillon, commandant la province de Constantine, réunissait les éléments d'une expédition considérable, à la tête de laquelle il se proposait de marcher en personne, pour comprimer et éteindre dans Zaatcha le foyer d'insurrection qui menaçait d'envahir toute la province.

Les différents corps de l'armée d'Afrique partaient une fois encore pour le rendez-vous de guerre : — L'artillerie, cette foudre de la terre, que l'homme a témérairement imitée de la foudre du ciel, et qui, partout où elle tonne et frappe, porte, elle aussi, la terreur et la mort. — Le génie qui improvise des ponts sur les rivières et des routes dans les montagnes ; qui, avec ses sacs à terre élève, comme par enchantement, des retranchements et des fortifications en rase campagne, et qui, avec la sape, renverse et réduit en quelques jours, en quelques heures, à l'état de ruines, les cités florissantes et les remparts formidables qui avaient coûté tant d'années, tant de travail et tant d'or à construire. — L'infanterie, cette reine des batailles, comme l'appelait l'empereur Napoléon, qui marche, un refrain militaire à la bouche, alerte et joyeuse sous le poids de ses armes, de ses cartouches, de ses vivres et du pesant havre-sac auquel s'ajoutent, comme accessoires obligés, la couverture du campement, la tente-abri, des bidons, des marmites, des gamelles, des haches, souvent même le bois à brûler destiné à faire bouillir la soupe du matin et du soir et le café de la grande halte. Tout ce bagage

du fantassin est surmonté de bâtons blancs fixés verticalement sur son sac, et qui servent à planter sa tente,
lorsque le soir, un peu de repos sur la dure lui est
permis, après la longue marche du jour sous le brûlant
soleil d'Afrique. — Les chasseurs de Vincennes, ces
hussards à pied de l'armée, agiles à la course et adroits
au tir à longue distance, avec leurs carabines armées
du sabre-baïonnette, qui perce l'ennemi et le pourfend
du même coup. — Les zouaves [1], troupe infatigable
à la marche, impétueuse à l'attaque, intrépide au combat, terrible dans la mêlée, et dont la seule vue jette
l'épouvante dans le cœur des Arabes. — Les zéphirs
bataillons d'infanterie légère d'Afrique, où se déverse
le trop plein des passions vives et fougueuses, qui rendent le soldat impatient du frein de la discipline, im-
propre au calme de la garnison, mais excellent au milieu des périls qu'il faut braver avec audace. — La légion étrangère, moderne Babel où l'on parle toutes les

[1] Les zouaves, dont le noyau fut formé des débris du régiment
de la Charte, qui, à l'époque de la Révolution de Juillet 1830,
fut entièrement composé de volontaires parisiens, ont toujours conservé la gaieté franche et les mœurs traditionnelles de leur origine.
Ils plaisantent avec les périls, ils rient de leurs fatigues et de leur
misère. — « La brèche est ma foi superbe, » disait la veille de la
prise de Constantine, le brave capitaine Régnault, commandant
alors une compagnie de zouaves, et tué depuis aux journées de
Juin 1848, étant général de brigade. — « La brèche est vraiment
» magnifique, il fera bon y monter. — A entendre le père Ré-
» gnault, répondit un de ses zouaves, ne dirait-on pas que cette
» brèche est aussi commode que le *grand trimard de Pantin*, et
» qu'il ne s'agit plus que de se promener là-dessus, les deux mains
» dans les poches? » — Le lendemain, les zouaves conduits à l'assaut
par Lamoricière, leur vaillant colonel, arrosaient cette brèche de
leur sang, et entraient les premiers dans la place de Constantine.

langues; bataillons dont les grenadiers à la haute sta-
ture, au bras chevronné, au front grisonnant, rappel-
lent les têtes de colonnes des vieilles phalanges d'autrefois. — Les chasseurs d'Afrique, ces brillants escadrons
d'élite, sous l'étendard desquels vient se ranger tout
cavalier vaillant qui aime à voler dans la plaine sur un
coursier rapide, à charger tête baissée les masses ennemies, sans nul souci du nombre des combattants qui les
composent, ripostant aux coups de fusil par des coups
de sabre, chassant tout ce qui fuit, comme la tempête
chasse devant elle le sable du désert, immolant tout ce
qui résiste, ou a le malheur de se laisser atteindre. —
Les spahis et les tirailleurs indigènes, troupes africaines
formées à l'école des soldats de la France, mais qui
ont conservé le costume oriental et pittoresque des soldats du Prophète. — Les goums, contingents fournis
par les chefs des tribus soumises, et qui servent d'éclai-
reurs aux colonnes. Ces arabes forment une espèce de
cavalerie irrégulière, à la marche capricieuse et désor-
donnée, se groupant et s'éparpillant comme un troupeau
de chevaux sauvages. Cavaliers primitifs, leurs jambes
pendent nues et bronzées le long des flancs de leurs mon-
tures; un capuchon blanc en forme de coiffe de femme,
autour duquel s'enroule, comme un serpent, une corde
de poil de chameau, fait ressortir le teint sombre de
leur visage bistré, sur lequel tranchent une barbiche
pointue, des dents blanches et des yeux farouches. Un
yatagan est passé dans leur ceinture, un fusil d'une lon-
gueur démesurée arme leur bras; un burnous blanc est
jeté sur leurs épaules, et ils se drapent dans ses plis,
aussi fiers que devait l'être sous son pallium un guerrier
de Rome antique.

Puis venaient les ouvriers d'administration, qui préparent la subsistance de l'armée. — Les soldats du train des équipages qui, exposés au feu de l'ennemi, sans répondre à ses coups, relèvent les blessés du champ de bataille, les placent sur les cacolets [1] et les portent aux ambulances. — Les infirmiers militaires qui, remplissant une mission fraternelle et pieuse, adoucissent les souffrances du soldat atteint par le fer ou le plomb de l'ennemi, aident à panser ses blessures, et, s'il meurt, lui promettent, avant qu'il n'expire, de porter un jour ses derniers vœux en France, à sa famille.

A la suite des colonnes marchait une longue file de mulets, portant munitions, provisions et bagages. Le mulet est dans la guerre d'Afrique un précieux animal; sa force lui permet de porter les charges les plus lourdes, sa frugalité de se contenter de quelques poignées d'orge pour toute nourriture, et son pied sûr de marcher sans trébucher dans les sentiers les plus accidentés et dans les passages les plus dangereux et les plus difficiles. Les soldats de l'armée d'Afrique ont donné au mulet le nom de *ministre*, parce que, disent-ils, il est *chargé* des affaires de l'état [2].

Dans un pays à demi-sauvage, où l'homme civilisé

[1] Espèces de siéges suspendus aux flancs des mulets, et sur lesquels on place les soldats malades ou blessés.

[2] « Tappe donc sus l'ministre, » disait un soldat du train des équipages à un de ses camarades, conducteur comme lui d'une petite caravane servant d'escorte à M. Thiers, dans une excursion que cet homme d'état faisait en Algérie. — « Tappe donc sus l'ministre, te dis-je, il a la peau dure, tu ne l'écorcheras pas, et puis quand même, n'y aurait pas grand dommage, va! » — M. Thiers demanda, non sans quelque inquiétude, ce que signifiaient ces étranges paroles, et rit beaucoup de l'explication qui lui en fut donnée.

semble ne pouvoir compter pour vivre que sur les ressources qu'il emporte avec lui, on serait étonné de voir
avec quelle adresse et quelle industrieuse activité les
vieilles troupes d'Afrique trouvent moyen de suppléer
à l'absence totale des aubergistes, des restaurateurs ou
marchands quelconques de comestibles. A peine installés
au bivouac, chasseurs, zouaves et zéphirs s'occupent de
leur repas avec un empressement qui fait le plus grand
honneur à leur sollicitude pour les besoins de leur ap-
pétit, et avec un soin qui prouve leur expérience con-
sommée en fait de denrées et de préparations culinaires.
Où d'autres mourraient de faim, peut-être, ils flairent
et découvrent une foule de produits indigènes, tels que
des asperges et des artichauts sauvages, du cresson,
des tortues, des escargots, des poules, des œufs, du lait,
que sais-je, enfin? Lorsque l'ingratitude du sol, ou l'absence du plus petit douar, les prive de ces ressources
naturelles, et s'il arrive, pour surcroît de tribulations,
que la viande de boucherie fasse défaut, alors, ma foi,
adieu le *fricheti*[1] appétissant, et en avant la *turlutine*
et le *riz à la peau de bouc !* —Ils appellent turlutine,
le biscuit émietté[2], qu'ils mettent dans le potage, en

[1] Fricot.

[2] « J'ai faim et je n'ai plus de biscuit, » disait un soir, au
bivouac, un zouave assis, comme quelques-uns de ses camarades,
sur son sac, son fusil entre les jambes, à côté de la tente du maréchal Bugeaud. — « Tu n'as plus de biscuit? lui dit un caporal qui,
» lui aussi, n'en avait guère, cela n'est pas étonnant, le maréchal
» n'en a pas non plus, lui, de biscuit, entre plutôt dans sa tente,
» tu verras, il est obligé de manger du pain blanc. » — Le maréchal, à travers le léger mur de toile qui le séparait des soldats,
entendit cette conversation dont il s'amusa beaucoup, et envoya
sur-le-champ aux zouaves quelques pains pour remplacer le biscuit qui leur faisait défaut.

guise de vermicelle; et riz à la peau de bouc, le riz pur
de tout mélange avec le lait ou la graisse, et cuit simplement avec l'eau renfermée dans les peaux qui pendent aux flancs des mulets, quand on traverse un pays
où l'on ne trouve ni puits, ni rivières.

Quoiqu'il en soit, toutes ces troupes de l'armée d'A-
frique, bronzées par le soleil et par la poudre, aguerries
aux périls, rompues aux fatigues, habituées aux privations, soutiennent vaillamment, en toutes rencontres,
le vieil et impérissable honneur du drapeau de la France.
Qu'importent, après tout, à de tels soldats les privations, les dangers et les fatigues? ne sont-ils pas les fils
des soldats de la Grande-Armée?

Pendant que s'opérait la réunion des troupes qui devaient marcher sur Zaatcha, Bou-Zian appelant à lui tous
les mécontents et tous les croyants fidèles, concentrait
dans cette oasis ses moyens de résistance.

L'oasis de Zaatcha avait parmi les Arabes une sorte
de réputation d'inviolabilité qui leur inspirait toute confiance. Ses guerriers avaient repoussé plusieurs fois les
attaques des beys de Constantine, et Abd-el-Kader,
lui-même, marchant à la tête de ses réguliers, n'avait
pu s'en rendre maître par la force des armes. Aussi les
tribus de l'est et du sud de l'Algérie, répondant à l'appel
de leurs marabouts, s'empressèrent-elles d'envoyer de
nombreux contingents dans cette espèce de lieu sacré
qu'elles regardaient comme prédestiné au triomphe de
la guerre sainte, et qu'elles vénéraient presque à l'égal
de la terre ou repose le tombeau du Prophète.

Cependant le fanatisme des nombreux défenseurs de
Zaatcha, décidés tous à vaincre ou à mourir, n'était pas
le seul obstacle à surmonter. Nos soldats habitués à com-

battre les Arabes sur les montagnes ou dans la plaine, devaient aller les chercher et les atteindre, cette fois, au milieu d'un labyrinthe inextricable, présentant des difficultés inouïes qu'il paraissait presqu'impossible de vaincre.

Au milieu des sables brûlants et arides, surgit, comme par un effet miraculeux, une haute forêt de palmiers balançant dans les airs leurs branches majestueuses, qui, se découpant sur le limpide azur du ciel, ressemblent de loin à d'immenses panaches verts. Au-dessous des palmiers, et protégés par leur ombrage, croissent des figuiers, des grenadiers et quantité d'autres arbres à fruit, au pied desquels s'entrelacent des plantes rampantes qui, mêlées à des palmiers nains, recouvrent le sol entier d'une épaisse couche de végétation au milieu de laquelle on ne peut se frayer un passage.

Des sources abondantes entretiennent de nombreux canaux d'irrigation pratiqués avec une habileté particulière aux arabes des oasis, et qui se croisant en tous sens, vont arroser le pied de leurs palmiers. Enfin, au centre de cette forêt du désert qui occupe une étendue de plusieurs lieues carrées, est bâti Zaatcha, dont les maisons impénétrables et les jardins aux murs crénelés, présentent comme autant de petites citadelles dont il faut faire le siége séparément, en s'exposant de tous côtés aux feux croisés et meurtriers d'un ennemi invisible. Mais avant de pouvoir engager ces combats partiels et successifs, il faut d'abord enlever le corps de la place elle-même, qui, comme une forteresse du moyen-âge, est entourée d'un large fossé rempli d'eau, et protégée par des tours reliées entr'elles par des maisons et des murailles, formant une enceinte continue, et percées d'innombrables créneaux derrière lesquels les Arabes embusqués et à l'abri, chargent leurs armes, visent à loisir, choisissent l'ennemi qu'ils veulent atteindre, et, le plus souvent, le frappent, sans qu'il soit possible de répondre à leurs coups.

Tels étaient en substance les moyens de défense de Zaatcha, trop ignorés, il faut le dire, lorsque, le 7 octobre 1849, la colonne expéditionnaire, forte de 4000 hommes de toutes armes, environ, arriva devant cette oasis.

Ce jour là même, une attaque de vive force fut ordonnée. Elle fut dirigée sur la Zaouia, nom qui désigne un groupe de maisons situé au nord de Zaatcha, et au centre duquel s'élève une mosquée.

L'artillerie donne le premier signal, et ses détonations terribles auxquelles succèdent un long et lointain dechirement de l'air, font retentir les échos des montagnes étonnés de répéter le bruit de ce nouveau tonnerre. Les obus volent, éclatent, renversent et portent partout où ils frappent la destruction et la mort.

Les sapeurs du génie, le 5.ᵉ bataillon de chasseurs à pied, le 3.ᵉ bataillon d'infanterie légére d'Afrique, et le 2.ᵉ regiment de la légion étrangére, ayant à leur tête le colonel Carbuccia, s'avancent au pas de charge, et enlévent en un clin d'œil les premiers obstacles; mais arrivés à portée de la place, ils sont reçus par une décharge générale à laquelle succède un roulement non interrompu de mousqueterie. Les colonnes d'attaque tourbillonnent sous la grêle de balles qui pleut sur elles de toutes parts, et jonchent en un instant le sol de leurs morts et de leurs blessés.

Nos soldats exaltés par l'ardeur du courage se main-

tiennent quelque temps sous le feu qui les décime ; —
plusieurs succombent, pas un seul ne recule. — Mais
à la fin ne sachant à qui adresser leur vengeance, ne
voyant devant eux que des murs au-dessus desquels s'é-
lève en nuages épais la fumée de la poudre, et pas un
seul ennemi à combattre, ils obéissent au signal de retraite, emportant avec eux leurs camarades atteints par
le plomb meurtrier, et que le sort a choisis pour les pre-
mières victimes de la lutte acharnée et terrible qui commence.

L'insuccès de cette attaque, et les observations posi-
tives, cette fois, qui en sont la suite, rendent manifeste
l'impossibilité de songer à renouveler pareille tentative.
Un siége en règle est reconnu nécessaire : mais, là encore, surgissent de nouvelles difficultés. Les forces dis-
ponibles sont insuffisantes pour investir la place, et cependant l'ennemi reçoit à chaque instant des secours et
des renforts que l'on ne peut empêcher d'y pénétrer.
De nouvelles troupes et un supplément de matériel sont
demandés à Constantine, et, en les attendant, le génie
et l'artillerie, secondés par de nombreux travailleurs
des autres armes, s'occupent nuit et jour de la construc-
tion des ouvrages et des batteries destinés à foudroyer
les murs contre lesquels les balles et les baïonnettes
sont reconnues impuissantes.

Les renforts arrivent [1], la tranchée est ouverte, on
arme les batteries, on comble les fossés, et les soldats
du génie, admirables de dévouement, de sangfroid et
de courage, conduisent la sape avec une patience héroïque sous le feu plongeant de l'ennemi.

[1] M. le colonel de Barral rallia le camp français avec 1500 hommes de toutes armes.

Ici commence une série de combats meurtriers qui causent dans nos rangs les pertes les plus cruelles, et pendant lesquels la vigueur soutenue de l'attaque ne peut être comparée qu'à l'acharnement opiniâtre de la défense. Les Arabes retranchés dans Zaatcha se composent en grande partie de Biskris qui, presque tous, ont été longtemps porte-faix ou domestiques à Alger, et qui désignent aux coups des plus habiles tireurs les chefs français qu'il faut frapper. Les chasseurs du désert habitués à viser l'autruche à la tête, pour ne pas endommager son précieux plumage, visent et atteignent tout officier qui a le malheur de se montrer un seul instant à découvert. C'est ainsi que succombent le colonel Petit, commandant en chef du génie, en se faisant donner des renseignements sur la place ; M. Besse, capitaine d'artillerie, en rectifiant le tir d'une pièce, et tant d'autres braves officiers, au moment même où ils offrent la moindre prise aux coups des assiégés. Ces derniers affichent un tel mépris de la mort, que les trous faits par nos boulets leur servent immédiatement de créneaux par lesquels ils font passer leurs longs canons de fusil, et nous ajustent froidement, sans le moindre souci du boulet qui va suivre le boulet qui vient de frapper. Un fils de Bou-Zian qui a longtemps habité Alger, et un Arabe qui a servi comme sergent aux zouaves, sont à la tête des tirailleurs les plus adroits et les plus intrépides, et dirigent tous leurs coups. Le drapeau de Bou-Zian flotte sur les murs de la place, et, de temps en temps, on le distingue lui-même à son burnous bleu de ciel, qui tranche sur les burnous blancs des autres Arabes.

Tous les soirs, au coucher du soleil, le feu des Arabes est pendant quelques instants suspendu. Bou-Zian monte à la mosquée, et, la face tournée vers l'orient, il fait publiquement la prière, puis il harangue les siens. Il leur dit que « le jour de l'extermination s'avance, que » tous les Français vont périr, et que leurs mains servi- » ront de fourchettes aux Arabes [1]. »

Aussitôt après la prière, et comme s'ils venaient d'y puiser un surcroît de fanatique courage, les assiégés recommencent le combat avec une rage et une fureur nouvelles. Une arme d'une main, une torche enflammée de l'autre, ils se précipitent sur nos ouvrages avancés, en poussant des cris sauvages auxquels se mêlent de loin les cris lamentables des enfants, les imprécations furieuses des femmes excitant les hommes au combat, le bêlement des troupeaux et les hurlements des chiens. Mais ces clameurs barbares que les assiégés poussent dans le double but de surexciter leur propre courage et d'effrayer nos soldats, ne produisent nullement l'effet qu'ils en attendent. — La musique des zouaves y répond par de joyeuses fanfares, et l'infanterie par un feu nourri qui fusille les Arabes à bout portant, et parsème de leurs cadavres le sol qui s'étend au pied de nos retranchements.

Pendant ces attaques nocturnes, quelques arabes qui croient voir s'entrouvrir pour eux le paradis de Maho- met, s'ils reçoivent la mort en combattant pour la sainte cause, se livrent à des tentatives qui exigent une au- dace incroyable et une intrépidité inouïe. Les uns vou-

---

[1] Les Arabes coupaient les mains de nos malheureux soldats tombés morts ou vivants en leur pouvoir: les femmes les faisaient bouillir dans l'eau, les décharnaient ensuite, et en donnaient les os pour servir de jouets aux enfants, en leur disant : — Ce sont des mains de Roumis.

lant enlever jusque sous nos baïonnettes les cadavres de leurs morts, pour leur donner la sépulture, tombent à côté d'eux pour ne plus se relever. D'autres, se ruant en foule dans la tranchée, comme un torrent qui a rompu sa digue, essaient d'arracher les armes des mains de nos soldats, et meurent percés de leurs coups. Un nègre d'une force herculéenne et d'une taille colossale, s'agite au milieu du désordre de la mêlée, renverse tout ce qui s'oppose à son passage, se jette sur un sergent de zouaves décoré, lui arrache sa croix d'honneur et essuie en se retirant plusieurs coups de fusil tirés précipitamment à quelques pas de distance, et dont pas un seul ne l'atteint, ou du moins ne le fait tomber. Arrivé sur une éminence, il s'arrête, se retourne, et agite en signe de triomphe le ruban et la croix dont il vient de s'emparer. On voit, à la lueur de sa torche, ses dents blanches briller comme dans un ricanement diabolique sur sa face d'ébène, puis il se confond dans la foule et disparaît comme elle dans l'obscurité.

Quelquefois de singuliers colloques s'établissent entre les assiégés et les assiégeants. Des officiers, des sous-officiers et même de simples soldats que les Biskris, maintenant combattants de Zaatcha, ont autrefois connus à Alger, sont interpellés par leurs noms : — *Un tel,* disent les Arabes, *tu n'es que sergent-major, viens avec nous, tu seras général.* — Puis à un autre : *Qu'es-tu venu faire ici? pourquoi ne retournes-tu pas dans ta patrie, pour y cultiver le champ de ton père?* — Et à un autre enfin : *Ah! te voilà en faction? eh bien! tu vas mourir, reçois cette balle que je t'envoie,* etc. — Ces paroles, prononcées le plus souvent en arabe, le sont quelquefois en français avec un accent

qui dénote que ceux qui les disent sont des trans-
fuges.

Cependant la lenteur obligée des opérations du siége
étonne les Arabes peu habitués, lorsque nous parvenons
à les joindre, à nous tenir aussi longtemps en échec.
Ils croient entrevoir enfin la réalisation des espérances
de victoire tant de fois données et tant de fois déçues.

On remarque de l'agitation dans les tribus jusque là
les plus soumises. Des piétons et des cavaliers arabes
s'échelonnent de distance en distance dans toutes les directions, et transmettent aux points les plus reculés du
théâtre de la guerre des nouvelles favorables aux défenseurs de Zaatcha. Ces nouvelles sont cause que partout où nous avons laissé de faibles garnisons, elles sont
menacées ou attaquées. Des crimes isolés se commettent
sur les routes les plus fréquentées et naguère encore les
plus sûres. L'impunité semble assurée à ceux qui osent
s'en rendre coupables. La crainte du châtiment ne les
retient plus. De nouveaux contingents envoyés par les
tribus environnantes affluent dans Zaatcha, où ils se
portent avec enthousiasme, jaloux de prendre part au
triomphe promis.

La nécessité d'arrêter cet élan et de frapper un grand
coup dont l'effet moral puisse étouffer dans leur germe
les insurrections qui menacent d'éclater sur tous les
points à la fois, devient chaque jour, à chaque instant,
plus évidente. Deux brèches sont ouvertes au corps de
la place, elles sont jugées praticables, le général se dé-
cide à livrer l'assaut.

Le 20 octobre, dès le point du jour, deux colonnes
d'attaque, l'une aux ordres du colonel Dumontet, du
43.ᵉ de ligne; l'autre commandée par le colonel Car-

buccia, du 2.ᵉ régiment de la légion étrangère, sont lancées sur les deux brèches de la place. A leur sortie de la tranchée, ces deux colonnes sont atteintes par des décharges meurtrières, venant de toutes les directions et tirées, comme toujours, par des ennemis invisibles.

*La colonne du colonel Carbuccia, dirigée sur la brè-* che de gauche, s'empare d'une tour dont les boulets et la vétusté ont ébranlé la base. Cette tour s'écroule avec fracas, engloutit plusieurs soldats sous ses ruines, et découvre les autres qui, à l'instant même, sont foudroyés par des feux terribles auxquels il leur est impossible de riposter. Cette colonne fait des efforts surhumains mais inutiles pour pénétrer dans la place; ne pouvant y parvenir, elle est obligée d'opérer sa retraite.

Le 1.ᵉʳ bataillon du 43.ᵉ de ligne, dirigé sur la brèche de droite, veut tenter le passage du fossé rempli d'eau, qui le sépare de la muraille écroulée, sur une lourde charette qu'il lance dans ce fossé; mais la charette, en se renversant, devient un obstacle au lieu d'être un moyen. Le génie veut jeter sur le fossé un pont volant qu'il se propose d'établir avec des planches posées sur des tonneaux vides : — Les hommes qui portent ces tonneaux et ces planches sont tués sur place. — Les grenadiers formant tête de colonne s'élancent alors dans le fossé, le traversent ayant de l'eau jusqu'aux épaules, et franchissant péniblement la rive escarpée et glissante, arrivent au pied du mur dont la base encore debout les arrête et les force à subir, dans cette position critique, des feux à bout portant tirés de tous les points qui les environnent. Les autres compagnies du bataillon s'avançant à leur tour sur les pas des grenadiers, sont fusillées en voulant gravir des pentes de plus en plus glissantes et impraticables. Enfin , arrivé après des efforts inouïs sur la rive opposée à celle d'où il est parti , le 43.° se trouve engagé comme dans des impasses crénelés, d'où il lui est matériellement impossible de pénétrer dans la place. Officiers et soldats tombent sous les balles de l'ennemi , partant de droite et de gauche, de bas et de haut, et jusque des décombres sur lesquels ils ont posé leurs pieds. Toutefois, le brave bataillon se maintient pendant deux mortelles heures dans cette position désespérée, et n'obéissant qu'à grande peine au signal de retraite, après avoir vu tomber son commandant [1], quatre capitaines, deux autres officiers et un grand nombre de sous-officiers et de soldats tués ou blessés , il rentre avec calme dans la tranchée, sous la protection du 1.er bataillon de zouaves, témoin et admirateur d'une valeur aussi héroïque.

Voici comme épisode de l'assaut du 20 octobre, un trait qui mérite d'être cité : — Le grenadier Lefèbvre , du 43.° de ligne, en voulant ramasser une pioche auprès d'un mur, est atteint d'une décharge de tromblon au bras droit et à la cuisse gauche , et tombe à côté de

---

[1] M. le chef de bataillon Guyot, officier du plus grand mérite, et fils du brave général de l'empire, de ce nom. — M. le commandant Guyot était le filleul de l'empereur Napoléon; deux de ses frères étaient morts avant lui en Afrique. — Il fut atteint d'une balle dans la bouche, et mourut après quarante-huit heures de souffrances horribles supportées avec une patience et une résignation sublimes, sans pouvoir articuler un seul mot, et ne parlant qu'avec les yeux à ses officiers et à ses soldats consternés de tristesse auprès du lit de douleur, sur lequel il était étendu sous sa tente. — Madame la comtesse Guyot vit encore, elle était venue se fixer à Alger pour se rapprocher de ses fils. — Hélas, elle n'est plus maintenant rapprochée que de leur tombeau !

quelques-uns de ses camarades étendus raides morts au pied de ce mur qu'ils essayaient quelques instants auparavant de démolir. Son sang coule avec abondance, ses douleurs sont atroces; mais s'il donne signe de vie, de nouveaux coups vont l'atteindre et ce sera fait de lui. Il garde l'immobilité de la mort sous les bouches menaçantes des canons de fusil des Arabes, braqués à travers les créneaux, à quelques pas de lui, et, couché parmi les cadavres, il attend une occasion favorable. Bientôt, entendant le signal de la retraite, il entrouve les yeux et se hazarde à implorer le secours de ses camarades de sa voix la plus faible; mais, ô désespoir, ils ne l'entendent pas et s'éloignent! Son premier mouvement est alors d'essayer de se traîner jusqu'à eux; mais il réfléchit que s'il bouge il est mort, et il continue de rester immobile. Au bout de quelques heures passées dans les plus cruelles angoisses, il n'entend plus les Arabes, et croyant qu'ils se sont éloignés, il essaie de se glisser jusqu'au bord du fossé. Mais aussitôt une nouvelle décharge l'atteint en plein dans la cuisse droite. Au même instant il se précipite du haut de la contrescarpe dans le fossé, au bord duquel il se blottit, ayant de l'eau jusqu'au dessus de la ceinture, de manière à ce que les fusils des Arabes passant par les créneaux et qui ne peuvent ainsi tirer verticalement, ne l'atteignent pas dans cette position. Quelques heures s'écoulent encore; une fièvre brûlante agite convulsivement le corps du pauvre soldat qui, pour étancher la soif qui le dévore, boit l'eau rougie de son propre sang. De sa main gauche, la seule dont il ait le libre usage, il défait comme il peut sa cartouchière, se dépouille de sa capote, puis se remettant à la grâce de Dieu, il se dirige ou plutôt il se traine vers l'autre rive. Les Arabes ne l'aperçoivent pas cette fois ; mais arrivé près de la tête de sape, il est entendu par les soldats français qui s'y trouvent, et qui, le prenant pour un ennemi, se disposent à faire feu sur lui. — *Sauvez-moi*, s'écrie-t-il alors, *je suis un de vos camarades ; je m'appelle Lefèbvre, grenadier au 43.ᵉ de ligne ;* — et aussitôt un trou est pratiqué dans le mur qui sépare la tête de sape du fossé, et dix mains amies lui sont tendues à la fois ; mais Lefèbvre ne peut s'aider à cause de ses blessures. Un zouave, n'écoutant alors que son dévouement et son courage, et bravant le feu des Arabes auquel il va s'exposer en se montrant à découvert, saute d'un bond dans le fossé, soulève le grenadier et l'avance, par le trou pratiqué, à ses camarades qui l'attirent à eux et lui prodiguent à l'envi tous les secours qu'ils peuvent et dont il a si grand besoin dans son affreuse position. — Le grenadier Lefèbvre, aujourd'hui estropié mais guéri de ses blessures, a conservé l'hospitalité du drapeau. Il espère maintenant en la modeste pension que la patrie donne au soldat, en échange du sang qu'il a versé pour elle, et des blessures qui l'empêchent de gagner le pain de sa vie. — En attendant, invalide de l'armée active, il partage le pain de ses camarades, sans pouvoir revendiquer désormais sa part de leurs périls et de leurs services [1].

Aucun calcul, aucune prudence humaine, n'avaient pu apprécier ni prévoir le résultat de l'assaut du 20. Si le succès eût été possible, il eût, certes, été obtenu

---

[1] Depuis que ces lignes ont été écrites, le grenadier Lefèbvre a reçu une pension et la croix.

avec des troupes d'une aussi grande valeur et d'un aussi brillant courage. Dans les siéges ordinaires, quand une armée, qui environne une place de guerre, est parvenue à s'en approcher et à y faire une bréche praticable, il n'y a plus qu'à passer bravement par cette bréche, au pas de charge, la baïonnette en avant, et le drame finit dans une dernière et sanglante péripétie. L'assaut du 20 octobre ne put avoir un semblable dénouement. La bréche prise, nos officiers et nos soldats, au lieu de trouver des rues et des places à envahir, furent arrêtés par mille obstacles infranchissables. Ils ne virent devant eux que murailles et maisons crénelées qui leur barraient partout le passage, et dont le siége partiel et successif était aussi long, aussi difficile et aussi indispensable que celui du corps de la place elle-même. Enfin, et pour résumer en quelques mots cette situation étrange, il ne suffisait pas de brèches faites à la muraille d'enceinte pour pouvoir entrer dans la place, mais c'était la place entière qu'il fallait démolir à coups de canon, afin qu'il fût possible à l'assiégeant d'y mettre le pied et de s'y maintenir. En s'obstinant à vouloir y pénétrer sans faire jouer l'artillerie, et simplement à l'aide de la pioche et de la baïonnette, notre dernier soldat eût inutilement succombé à la tâche, fusillé, comme je l'ai dit plus haut, par un ennemi invisible auquel il était impossible de riposter.

Quoiqu'il en soit, l'insuccès de l'assaut du 20, en produisant un effet diamétralement opposé à celui qu'eût nécessairement amené le triomphe, augmenta la confiance et l'audace des assiégés. Les attaques de jour et de nuit devinrent plus fréquentes et plus furieuses que jamais : nos communications furent interceptées par les

gens des oasis environnantes et par des nuées de cavaliers arabes accourus de toutes parts au secours de
Zaatcha. Nos patrouilles de cavalerie elles-mêmes et
les escortes de nos convois, furent à chaque instant
attaquées par des masses ennemies qui croyaient à notre
défaite prochaine et se fiaient d'ailleurs sur la supério-
rité de leur nombre.

De fortes reconnaissances de cavalerie furent alors
ordonnées, et quelquefois conduites par le général Herbillon en personne : elles eurent un plein succès. Ap-
puyés par de l'infanterie et par des obusiers de mon-
tagne, les chasseurs et les spahis abordèrent l'ennemi
en plaine, et en firent un carnage terrible. Assaillis avec
impétuosité, les cavaliers arabes, qui aiment à joûter
de loin avec leurs longs fusils, mais qui redoutent par
dessus tout l'arme blanche, tournèrent presque toujours
le dos aux charges brillantes de notre cavalerie, et
trouvèrent sous le sabre, la mort honteuse du soldat qui
fuit sans combattre. Telles étaient, la plupart du temps,
l'ardeur de la poursuite et la panique des fuyards, que
le sabre qui pointait ceux-ci par derrière, ne s'arrêtait
dans leur corps qu'à la monture.

Toutefois, il y eut parmi les Arabes des guerriers
qui, honteux de la fuite des leurs, osèrent nous faire
face et accepter le combat. Dans une de ces rencontres,
un cavalier, dont le bras vigoureux est armé du yatagan
et dont l'œil ardent brille de tout le feu du courage,
fait subitement volte-face, et semble défier à son tour
les chasseurs qui le poursuivent. Un lieutenant court
sur lui tête baissée, sabre en avant, et le pointe en
pleine poitrine. Mais l'officier français, comme s'il se
fût heurté contre un roc inébranlable, perd les étriers,

se renverse sur la croupe de son cheval, et la pointe de son sabre semble avoir rencontré un bouclier invisible contre lequel la vigueur du coup est venue se briser. Au même instant survient un brigadier de chasseurs qui, voyant son lieutenant aux prises avec un Arabe, casse la tête de ce dernier d'un coup de pistolet. — On entr'ouvre alors le burnous de l'Arabe, et l'on voit sur sa poitrine une triple peau de sanglier desséchée au soleil, et qui lui sert de cuirasse.

Un autre Arabe percé par le sabre du colonel Mirbeck, du 3.ᵉ chasseurs d'Afrique, saisit à pleines mains, malgré le coup mortel qui l'a frappé, l'arme qui lui traverse le corps, et imprime au colonel une secousse si violente, que cet officier supérieur en est désarçonné. Un coup de pistolet achève l'Arabe et lui fait mordre la poussière.

Dans une de ces charges, le maréchal-des-logis Lelong, du 1.ᵉʳ spahis, est emporté par son cheval au milieu de l'ennemi. — On retrouve quelques jours après les débris de son corps épars et horriblement mutilés. Ses pieds et ses mains percés, portaient la trace des tortures qu'on lui avait fait subir avant de lui donner la mort[1].

Une autre fois, des cavaliers nomades revenant du Tell, et que nous traitions en alliés, n'eurent pas plu-

---

[1] Les tortures infligées par les Arabes de Zaatcha à nos malheureux soldats tombés vivants en leur pouvoir, étaient si horribles que la plume se refuse à les décrire. Les prisonniers étaient livrés aux femmes arabes qui, véritables furies, les déchiraient en lambeaux. — Un jour, elles attachèrent un jeune sous-officier de chasseurs d'Afrique à un arbre, et après lui avoir fait endurer un long martyre, elles le firent dévorer par des chiens.

tôt appris par le télégraphe vivant qu'avaient établi les Arabes, la nouvelle exagérée de nos désastres, qu'ils tournèrent leurs armes contre nous, attaquèrent nos patrouilles et pillèrent nos convois. Le salut de l'armée exigeait qu'une punition éclatante fut infligée à ces nomades, afin que l'exemple effrayât ceux qui seraient tentés de les imiter. — Ils furent atteints et sabrés sans merci et tous leurs troupeaux tombèrent en notre pouvoir. — On vit pendant la déroute de tout jeunes enfants se cramponner à la queue des moutons, afin de ne pas rester en arrière et de pouvoir se sauver plus vite. Nos soldats recueillirent plusieurs de ces petits Arabes, et les traitèrent avec beaucoup de bonté et de douceur.

Il était curieux et intéressant de voir ces petits malheureux — que la guerre avait rendus orphelins, — arriver au camp français avec les soldats qui les tenaient par la main. Terrifiés d'abord, comme s'ils se fussent vus sous la griffe du lion, au moment où l'on s'emparait d'eux, leurs visages s'épanouissaient bientôt de joie et de confiance en voyant les soins que leur prodiguait l'humanité de nos soldats, qui, un peu plus tard, les rendirent à leurs tribus.

Cependant de nouveaux bataillons et un supplément de matériel d'artillerie étaient dirigés sur Zaatcha. Le colonel Canrobert y arrive à la tête de mille de ses zouaves. Il est bientôt suivi du 8.ᵉ bataillon de chasseurs à pied, d'un bataillon du 8.ᵉ de ligne, et d'un bataillon du 51ᵉ. Ces renforts portent l'effectif des troupes devant Zaatcha à 7000 et quelques cents hommes de toutes armes. Leur arrivée est le signal de l'invasion d'un fléau redoutable; ils ont amené avec eux le choléra qui, venant en aide aux balles de l'ennemi, se déclare dans tous les corps de l'armée et exerce dans nos rangs ses affreux ravages. L'urgence d'en finir avec Zaatcha s'accroît encore de cette circonstance terrible. Les travaux de sape et de tranchée sont poussés avec un redoublement d'ardeur et d'activité. On construit de nouvelles batteries, on les arme et leur feu dirigé avec une précision remarquable foudroie successivement les tours, les murs, les maisons crénelées, et en déloge les tirailleurs arabes qui nous ont fait tant de mal.

En voyant tomber sous nos boulets les murs et les créneaux derrière lesquels ils se croyaient invincibles, les Arabes électrisés par le double courage du fanatisme et du désespoir, attaquent nos retranchements avec une fureur qui ne connaît plus de bornes. Au lieu d'attendre une mort qui désormais leur apparaît inévitable, ils courent au-devant d'elle, enflammés du désir de la donner en la recevant. Ils franchissent nos parapets, pénètrent jusqu'à nos batteries, et se font tuer sur nos pièces, en les enlaçant dans leurs bras et en essayant vainement de s'en rendre maîtres. Ils cherchent à entamer nos lignes, et, ne pouvant y parvenir, ils se retirent criblés par nos feux qui jonchent partout la terre de leurs morts et de leurs blessés. — Malheur, ô malheur! au soldat qu'ils entraînent dans leur fuite, comme le flot qui bat le rocher entraîne en reculant la pierre qui s'en détache! — Ils lui feront subir mille martyres, pour se venger sur un seul de tous les Français à la fois.

Les choses en sont arrivées à ce point, lorsque le bruit se répand qu'une sédition vient d'éclater parmi les Arabes renfermés dans Zaatcha, et qui ont juré de s'ensevelir sous ses ruines, plutôt que de se rendre aux infidèles. Ils craignent, dit-on, que Bou-Zian, en voyant tout espoir de salut à jamais évanoui, ne songe à se soumettre pour assurer le sien et celui de sa famille. — « Ne le perdons pas de vue, s'écrient-ils ; c'est lui qui, en nous promettant la victoire, nous a conduits à cette extrémité ; il faut qu'il périsse avec nous. »

En apprenant ces injustes méfiances, Bou-Zian se rend sur la place publique. Là, entouré de ses plus braves guerriers, et calme comme le musulman courbant la tête sous l'arrêt du destin, il adresse à la foule une allocution qui dissipe toutes les craintes d'abandon qu'elle avait conçues, puis élevant la main droite, comme pour prêter serment à la mort, il termine sa harangue par ces paroles qu'il prononce avec une lenteur solennelle : — « Quand l'heure de mourir sera venue, nous mourrons tous ensemble. »

L'on se préoccupe assez peu de cette sédition dans le camp français ; mais bientôt une autre nouvelle se propage sur toute la ligne, et cause dans les rangs de nos soldats, malgré leurs souffrances, leurs privations et leur misère, une hilarité générale. Les Arabes ont, dit-on, enduit la peau d'un jeune et vigoureux chameau d'une épaisse et triple couche de poix-résine et de goudron ; ils se proposent d'enflammer l'animal depuis les pieds jusqu'à la tête, et de le lancer ensuite, comme un brûlot vivant, au milieu de la tranchée. Le désordre et la confusion ne pourront manquer de résulter de cette apparition terrifiante, et les Arabes en profiteront pour essayer une fois encore de fondre sur nos lignes et de les entamer. Ces détails sont donnés comme certains par des Arabes prisonniers qui ont vu, disent-ils, tous les préparatifs de ce projet étrange. —

« Où donc est le chameau, s'écrient les soldats ? — Va-t-il bientôt venir ? — En voilà un à qui l'on aura beau crier qui vive avant qu'il ne réponde ! — Et qui ne s'arrêtera guère quand on lui dira : halte-là ! — On dit que la chair du chameau est excellente, nous allons en avoir de toute rôtie. » — Mais le chameau ne vint pas ! Zaatcha succomba avant son apparition, et le nouveau cheval de Troie qui, par une imitation renversée, au lieu d'être introduit dans la place assiégée pour consommer sa ruine, devait au contraire en sortir pour assurer son salut, ne put être mené à bonne fin.

Cependant, une nouvelle brèche est faite au corps de la place ; elle est large et béante et s'ajoute aux deux brèches par lesquelles on a tenté l'assaut du 20 octobre. Celles-ci ont elles-mêmes été agrandies par la mine et le boulet. Le fossé est comblé vis-à-vis de ces trois brèches et en rend l'accès praticable.

Le 26 novembre, à sept heures et demie du matin, trois colonnes d'attaque sont formées dans la tranchée. Elles n'attendent qu'un signal pour s'élancer au combat. Une quatrième colonne est chargée d'observer la partie de la place qui n'est pas commandée par nos ouvrages et de couper toute communication avec le dehors. L'artillerie ouvre un feu très-vif sur les brèches, puis à ses détonations, succède tout à coup un imposant silence. L'heure suprême est arrivée ; le drame terrible de l'assaut va commencer.

Le signal est donné, les fanfares retentissent, le tambour bat, la charge sonne, et les trois colonnes, précédées de leurs chefs, s'élancent avec intrépidité. Elles sont fusillées des terrasses, des jardins, des murs, des maisons, des ruines et de tous les points où les Arabes ont pu s'embusquer, pour tuer le plus de Français possible avant de mourir. Des pertes cruelles déciment nos rangs; mais rien n'arrête l'impétuosité de nos soldats, et au bout de quelques instants le drapeau français flotte en signe de victoire sur le point le plus élevé de la ville arabe. Le zouave qui l'arbore sert de but à mille balles dont pas une seule ne l'atteint. Les rues, les places, les maisons, les terrasses sont partout envahies. Des feux de peloton couchent sur le sol tous les groupes d'Arabes que l'on rencontre. Tout ce qui reste debout dans ces groupes, tombe immédiatement sous la baïonnette. Ce qui n'est pas atteint par le feu, périt par le fer. Pas un seul des défenseurs de Zaatcha ne cherche son salut dans la fuite, pas un seul n'implore la pitié du vainqueur, — tous succombent les armes à la main, en vendant chèrement leur vie, et leurs bras ne cessent de combattre que lorsque la mort les a rendus immobiles[1]. Ceux qui sont embusqués dans les maisons crénelées font sur nous un feu meurtrier qui ne s'éteint pas même lorsque ces maisons sautent par la mine ou s'écroulent par le boulet[2]. Ensevelis sous leurs ruines, les Arabes tirent encore, et leurs longs canons de fusil, passant à

---

[1] La population de Zaatcha proprement dite avait disparu de la ville avant le jour de l'assaut, et les 800 cadavres qui le soir gisaient sur la terre, — sans compter les cadavres ensevelis sous les ruines, — étaient ceux des Arabes accourus dans Zaatcha pour le triomphe de la guerre sainte.

[2] La mine, en faisant sauter une maison, lança dans les airs une petite fille de sept ans d'une beauté remarquable. Elle retomba évanouie sur le sol. On la croyait morte; mais un zouave s'apercevant qu'elle respirait encore, prit soin d'elle, la rappela à la vie, et l'enveloppa dans son capuchon. — Un commandant adopta cette petite infortunée qui n'avait plus ni parents ni asile.

travers les décombres, semblent adresser aux vainqueurs une dernière vengeance et un dernier défi.

Bientôt la maison de Bou-Zian devient le but vers lequel tendent tous les Arabes échappés à nos balles et à nos baïonnettes. Trois à quatre cents guerriers s'y renferment, non pour échapper à la mort, — leurs mains la touchent déjà, et leurs yeux la voient inévitable, — mais pour trouver une dernière consolation à mourir auprès de leur chef et à lui faire un rempart de leurs corps. Un bataillon de zouaves assiége cette maison; — une grêle de balles met en quelques instants 50 hommes de ce bataillon hors de combat; — mais les zouaves ne reculent pas, — ils ne reculent jamais, — et c'est pour cela qu'après chaque action l'on compte toujours un aussi grand nombre de leurs cadavres. — On fait avancer une pièce d'artillerie; — les canonniers tombent sous le feu des assiégés, et la pièce ne peut être mise en batterie. — On apporte des sacs à poudre, on y met le feu; — la maison résiste. — On recommence; — elle s'écroule avec fracas et découvre Bou-Zian et ses défenseurs. — Nos soldats s'élancent, les Arabes font sur eux une décharge, — la dernière! — Puis, abordés à la baïonnette, ils tombent les armes à la main, — frappés par devant comme s'honoraient de l'être les guerriers de l'antiquité. — On envoie demander au général si Bou-Zian doit être passé par les armes. L'ordre fatal arrive; Bou-Zian regarde la mort en face, et tombe en égrenant son chapelet. Son fils est reconnu et éprouve le même sort; — on le fusille dans un jardin avec une cinquantaine d'autres Arabes[1].

---

[1] Le fils de Bou-Zian était beau, jeune et brave. Il mourut avec

Le carnage avait duré deux heures. La moisson de la guerre était faite. — La mort n'avait plus de victimes à frapper !... A neuf heures et demie du matin, la tête de Bou-Zian, celle de son fils et celle de Si-Moussa, marabout de l'Auress, placées au bout de trois piques portées par des chaous[1], attestaient que notre victoire était complète, et que l'insurrection des Zibans n'avait plus de chefs. Cependant, des Arabes embusqués dans des réduits obscurs et sous des ruines où il était impossible de les découvrir et de les atteindre, continuèrent à à tirer sur nous jusqu'à trois heures de l'après-midi. — Le Musulman vaincu se cache et a toujours une balle en réserve pour le Roumi victorieux.

Après avoir employé la journée du 27 à enterrer les morts, à raser Zaatcha et à détruire les palmiers qui en faisaient la richesse, la colonne expéditionnaire prit le 28 la route de Biskara où elle arriva le 29 et séjourna le 30; puis les divers corps qui la composaient furent dirigés sur leurs garnisons ou camps respectifs.

Il était temps que cette leçon terrible fût donnée; car depuis notre conquête jamais insurrection n'avait montré plus d'enthousiasme fanatique dans le présent, plus de confiance absolue dans l'avenir. Si la saison qui s'avançait, le choléra qui nous décimait, si le nombre toujours croissant des ennemis qui, accourant de toutes parts, menaçaient de rendre nos communications impos-

---

le calme qui distingue le véritable courage. Un instant avant qu'on le fusillât, un soldat l'ayant poussé un peu rudement avec la crosse de son fusil, l'œil du jeune Arabe s'enflamma : — je suis le fils de Bou-Zian, dit-il, on tue le fils de Bou-Zian, on ne le frappe pas.

[1] Bourreaux arabes. Ils sont respectés par les indigènes, comme le sont les magistrats les plus honorables dans les pays civilisés.

sibles ; si les obstacles de toute nature , enfin, que nous avions à surmonter, nous eussent contraints à ajourner notre vengeance et à lever le siége de Zaatcha, c'en était fait ; — les Arabes voyaient une défaite dans notre retraite, le jour du triomphe promis apparaissait à leurs yeux comme écrit dans le ciel par la main du destin, et la révolte, se propageant de proche en proche, pouvait envahir et embrâser toute l'Algérie. — Mais Zaatcha vaincu et rayé de la carte du monde, les Arabes les plus fanatiques disaient, en contemplant ses ruines formant un espace vide au milieu de l'oasis : — « La fumée de la bataille est dissipée ! L'odeur de la poudre mêlée à l'odeur du sang de nos frères, ne s'exhale plus en ces lieux déserts et désormais maudits ! Oh ! quand la poudre parle, c'est toujours la poudre des Français qui parle le plus haut et qui impose silence à la nôtre, et nos guerriers les plus forts et les plus vaillants, lorsqu'ils engagent la lutte avec de tels hommes, doivent se résigner à mourir ! »

Partout, les habitants des villes de l'Algérie se portèrent au-devant des vainqueurs de Zaatcha. Douze cents braves manquaient dans leurs rangs ! — L'armée d'Afrique avait acheté la victoire au prix de leur sang généreux !....

Qu'il était beau de voir ces bataillons brillant par le fer comme les phalanges du Macédonien, s'avancer en colonnes profondes surmontées d'une forêt de baïonnettes étincelantes au soleil, et dont les éclats se réflétaient sur de mâles visages bronzés par le climat, sur des uniformes en lambeaux usés par le bivouac et déchirés par la bataille !

Et le soir du retour, des mains amies que l'on pressait, du vin que l'on sablait, de joyeux refrains que l'on chantait, puis un lit dans lequel on dormait, faisaient oublier toutes les fatigues et toutes les misères. — Quelques heures de joie, de bien-être et de plaisir, effaçaient de la mémoire du soldat quatre mois de privations, de périls et de souffrances.

E.-Ch. Bourseul.